Redes alimentarias

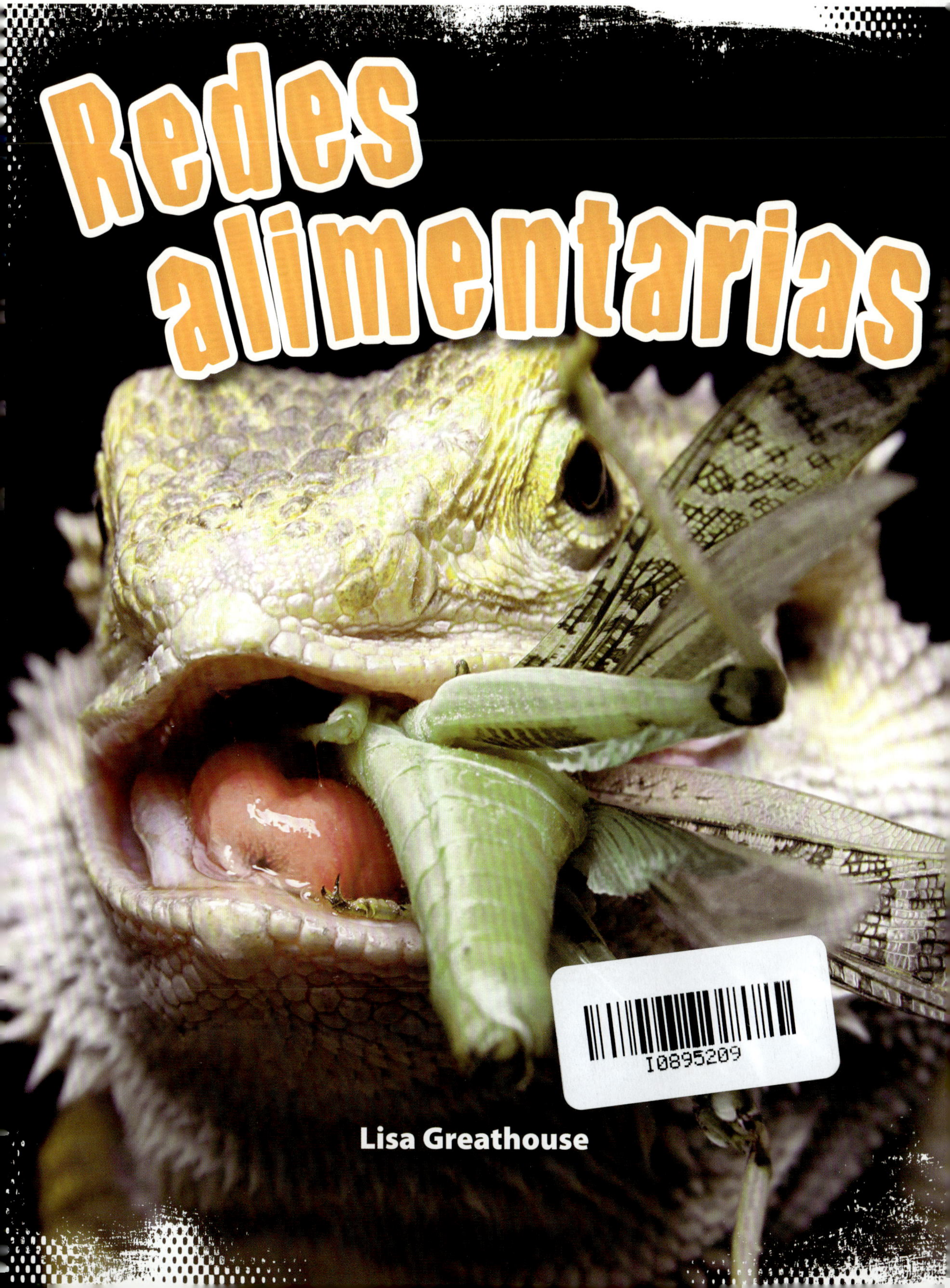

Lisa Greathouse

Asesor

Sterling Vamvas
Químico, Orange County
Water District

Créditos de imágenes: pág.24 (izquierda inferior); Christina Kennedy/Alamy; pág.7 (derecha inferior) Juniors Bildarchiv GmbH/Alamy; pág.11 (derecha inferior) Rolf Nussbaumer Photography/Alamy; págs.5–7, 12, 15–17 (ilustraciones) Tim Bradley; pág.22 AFP/Getty Images; pág.23 National Geographic Creative/Getty Images; págs.18–21 (ilustraciones) Travis Hanson; pág.32 Megan Iatzko; págs.28–29 (ilustraciones) J.J. Rudisill; contraportada, págs.4 (izquierda), 4–5 (fondo), 6 (derecha del medio), 7 (derecha superior), 6–7 (fondo), 8 (izquierda) 8–9 (fondo), 10–11 (fondo), 15 (centro izquierda, derecha, derecha superior), 16 (superior, derecha e izquierda), 17 (superior), 16–17 (fondo), 21 (derecha), 22 (superior y fondo), 24 (derecha inferior), 26–27 (fondo), 31 iStock; todas las demás imágenes de Shutterstock.

Teacher Created Materials
5301 Oceanus Drive
Huntington Beach, CA 92649-1030
http://www.tcmpub.com

ISBN 978-1-4258-4676-3

Printed in China
51497

Contenido

Si está vivo, necesita energía

¿Ya es hora de almorzar? Para cuando sea la hora del almuerzo, tal vez ya tengas hambre. Es que tu cuerpo necesita **energía** para resistir el día. La energía que obtienes de los alimentos que ingieres te ayuda a correr durante el recreo. Te ayuda a estar concentrado mientras haces la tarea. Te ayuda a combatir la gripe y otras enfermedades. La energía de los alimentos que ingieres ayuda a que tu corazón siga latiendo y tu sangre siga bombeando.

En otras palabras, no podrías vivir sin la energía de los alimentos. Lo mismo sucede con todos los seres vivos de la Tierra. Todas las plantas y los animales necesitan energía para vivir. Las plantas obtienen la energía del aire, la tierra, el agua y el sol. Los animales obtienen la energía cuando comen plantas y otros animales. Ese flujo de energía de un ser vivo a otro se denomina *cadena alimentaria*. Una cadena alimentaria se extiende a muchos animales. A medida que se agranda, comienza a parecer una red, ¡una red alimentaria!

Transmisión de energía

Este es un ejemplo de una red alimentaria básica. Muestra el flujo de energía del sol a una planta, a un insecto, a una rata, a una serpiente, a un halcón. Pero el insecto y la rata también pueden ser alimento del halcón.

Las redes alimentarias muestran cómo obtienen los animales la energía de otros **organismos**. Muestran quién se come a quién. Representan una forma simple de entender un proceso complejo. Sería difícil ver cómo una planta en un lugar le da energía a un animal que está lejos. Pero una red alimentaria puede mostrar de qué manera se conectan.

Existen muchos tipos de redes alimentarias. Varían según la parte del mundo en la que te encuentres. No verías un león africano o un oso polar en una red alimentaria estadounidense, ¡excepto en el zoológico! Una red alimentaria de Grecia podría tener aceitunas, cabras y osos. Una red alimentaria de China podría tener pasto, aves y caimanes. De donde quiera que provengan, las redes alimentarias muestran cómo se relacionan las **especies**.

Cadena alimentaria de la Antártida

La Antártida es un lugar frío e inhóspito. Pero algunas plantas y algunos animales han encontrado maravillosas maneras de sobrevivir allí.

Cadena alimentaria de América del Norte

América del Norte es el hogar de muchos tipos diferentes de plantas y animales. El siguiente es un ejemplo de una cadena alimentaria en América del Norte.

ENERGÍA

Una planta recibe energía del sol y de la tierra.

ENERGÍA

El saltamontes se come la planta.

ENERGÍA

El ratón se come al saltamontes.

ENERGÍA

El zorro se come al ratón.

ENERGÍA

El puma se come al zorro.

Las plantas son productoras

Todas las redes alimentarias comienzan con el sol. El sol proporciona a las plantas la energía que necesitan para crecer. Y las plantas les proporcionan energía a miles de millones de animales de todo el mundo.

Las plantas usan la luz del sol, el aire, el agua y la tierra para producir su alimento. Por eso se dice que las plantas son **productoras** en la red alimentaria. Hay muchos eslabones en una red alimentaria. Pero las plantas son, tal vez, las únicas criaturas que usan la energía del sol de forma directa para producir su alimento.

Productores del océano

Las plantas no son las únicas productoras. Algunas criaturas diminutas que viven en el océano, como las algas, también producen su propio alimento a partir de la energía del sol.

Hay más de 20,000 tipos conocidos de algas.

Partes de una planta

Cada parte de la planta tiene su tarea. Las raíces, el tallo y las hojas contribuyen a la supervivencia de la planta.

Los animales son consumidores

Los animales que se alimentan de plantas son el siguiente eslabón de la red alimentaria. Usan la energía de las plantas para crecer y vivir. Los animales que solo se alimentan de plantas se llaman **herbívoros**. En una red alimentaria, se denominan **consumidores primarios**.

Los consumidores primarios pueden ser animales pequeños. Los insectos o conejos son consumidores primarios. Pero también existen herbívoros grandes. Entre ellos se incluyen las jirafas, los elefantes y los bisontes.

¡Los bisontes generalmente comen cinco veces al día!

Rumiar

Muchos consumidores primarios tienen características especiales ya que estas los ayudan a comer plantas, que pueden ser difíciles de masticar y digerir. Los dientes grandes los ayudan a moler las hojas y las hierbas. Tienen estómagos especiales que los ayudan a descomponer y digerir las plantas.

¿Depredador o presa?

Los animales que se alimentan de otros animales se llaman *depredadores*. Los animales que se comen son la *presa*.

La mayoría de los consumidores primarios son animales pequeños que son el alimento de animales más grandes. Cuando un grillo se come una hoja, es un consumidor primario. Luego viene algo más grande, como un ratón, que se come al grillo. Ese ratón es un **consumidor secundario**. La energía que el grillo obtiene de la planta se traslada al ratón. Un consumidor terciario, quizás un ave, podría comerse al consumidor secundario. La energía pasa del sol a las plantas. Luego, se traslada de un animal al siguiente.

Consumidores

Un ratón puede ser un consumidor primario o secundario. Depende de si come hierbas o un insecto.

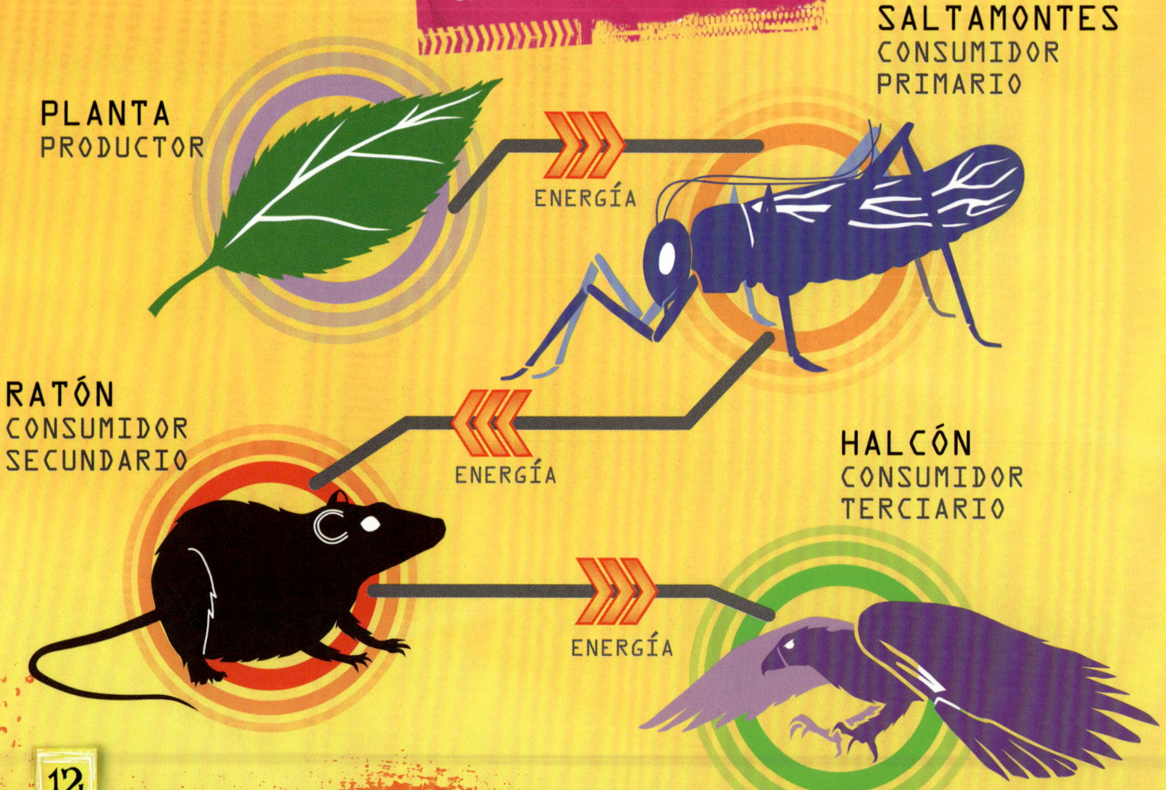

¿Tienes hambre?

La vida en una red alimentaria se clasifica de acuerdo a cómo las cosas obtienen su energía. ¿Qué tipo de consumidor eres? ¡Averígualo!

¿Comes carne?

NO — Eres herbívoro. Solo comes plantas.

SÍ — ¿Comes algo más?

NO — Eres un **carnívoro**. Solo comes animales.

SÍ — Eres un **omnívoro**. Comes tanto plantas como animales.

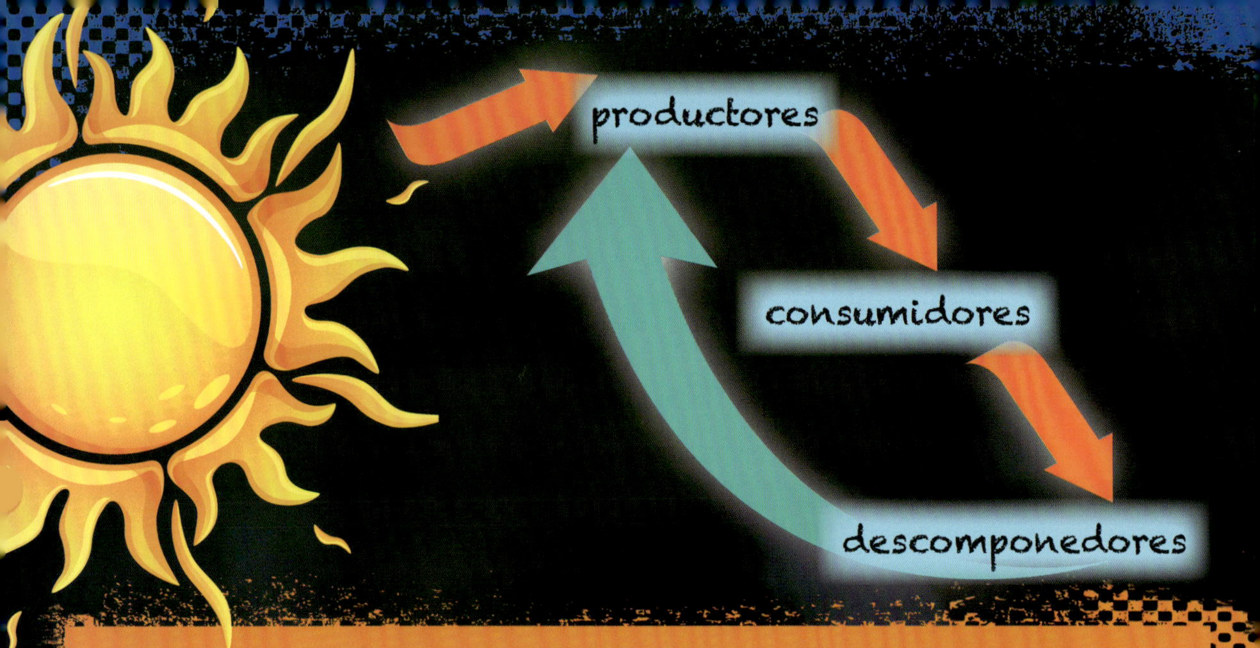

Los descomponedores hacen el trabajo sucio

¿Qué sucede cuando un animal poderoso se come a otro animal? ¿Es ese el final de la cadena alimentaria? ¡En absoluto! En algún momento, ese animal morirá. Allí es cuando los **carroñeros** y los **descomponedores** comienzan su trabajo.

¿Has visto alguna vez un animal muerto en la carretera? Quizás hayas visto que aves u otros animales pequeños se lo coman. Cuando un animal muere, se lo comen otros animales. Estos animales se conocen como *carroñeros*. Luego, es momento de que los descomponedores entren en acción. Las **bacterias**, los hongos y los gusanos son ejemplos de descomponedores. Descomponen los nutrientes que quedan en las plantas y los animales muertos. Los devuelven a la tierra. Esos nutrientes se convierten en alimento para que lo usen las plantas, y la cadena alimentaria comienza nuevamente.

La cadena alimentaria marrón

Las cadenas alimentarias de color verde comienzan con plantas vivas. Pero menos del 10 por ciento de las plantas se comen cuando están vivas. La mayoría de las plantas se comen después de que se mueren. Este material muerto es el combustible de la cadena alimentaria marrón. La cadena alimentaria marrón es el combustible de la mayoría de los **ecosistemas**.

Es posible que algunos depredadores también sean carroñeros. Los osos y los coyotes a veces se alimentan de animales muertos que no cazaron ellos mismos.

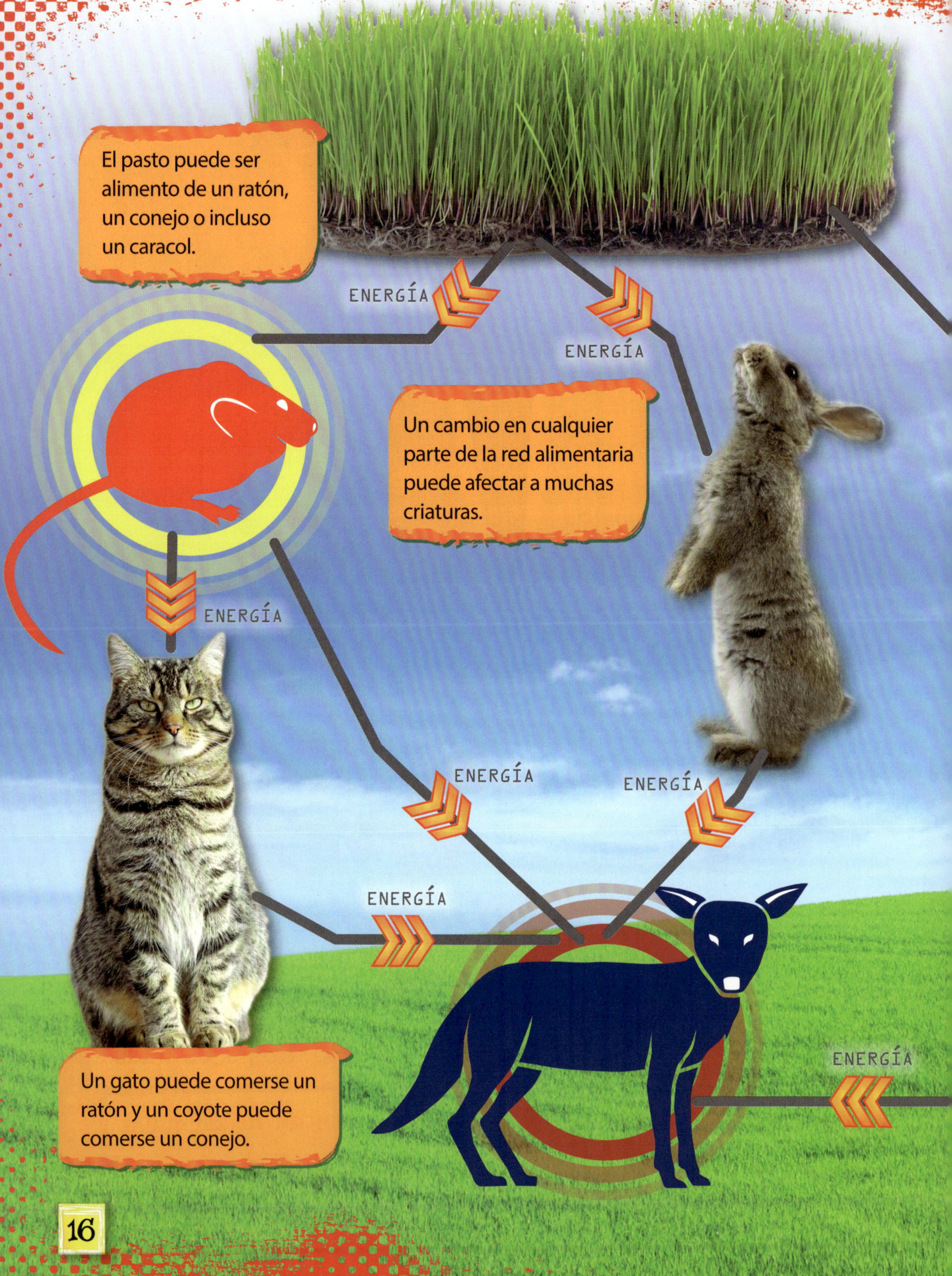

El pasto puede ser alimento de un ratón, un conejo o incluso un caracol.

Un cambio en cualquier parte de la red alimentaria puede afectar a muchas criaturas.

Un gato puede comerse un ratón y un coyote puede comerse un conejo.

Tejiendo la red

Las plantas y los animales dependen unos de otros para vivir. En un ecosistema, cada ser vivo es parte de muchas cadenas alimentarias diferentes. Las cadenas alimentarias se entrecruzan y superponen. Cuando observas todas las cadenas alimentarias conectadas, lo que ves se parece más a una red que a una cadena.

Un leve toque puede hacer temblar a toda una telaraña. Lo mismo sucede con las redes alimentarias. Una pequeña alteración en un área de la red puede cambiar todo el ecosistema. Las redes alimentarias muestran de qué forma cada planta y animal es importante.

Un pájaro puede comerse un caracol.

¿Cómo crece tu jardín?

Piensa en un jardín sencillo. Si un animal o una planta en la cadena alimentaria se ve amenazado, afecta a todo el jardín.

¿Qué sucederá si un ser vivo pasa a estar **en peligro de extinción**? Piensa en una manta tejida. Si tiras de un hilo, toda la manta puede destejerse. Lo mismo sucede con un ecosistema. La pérdida de una especie puede deshacer todo el sistema.

Mucho tiempo atrás, en Estados Unidos deambulaban cientos de miles de lobos. Cazaban alces y venados. Los lobos mantenían bajo control las poblaciones de esos animales. Pero los lobos se convirtieron en una amenaza. Y los seres humanos comenzaron a cazarlos. Al poco tiempo, los lobos se convirtieron en una especie en peligro de extinción.

Con los lobos casi ausentes, la población de alces quedó fuera de control. Causó que los sauces de los que se alimentaban los alces escasearan. Menos sauces significaba que no había alimento ni refugio para los pájaros cantores. Los pájaros cantores se alimentan de mosquitos. Pero con la muerte de los pájaros, la cantidad de mosquitos comenzó a crecer. ¡Y nadie quería eso!

Grandes bestias como el felino dientes de sable deambularon por el planeta durante la Era del Hielo antes de extinguirse.

La mayoría de las especies en peligro de extinción no son tan majestuosas como el lobo o el felino dientes de sable. Pero son igualmente importantes. El mejillón de agua dulce no se ve tan atractivo. Sin embargo, tiene una función clave en su ecosistema. Vive en los lagos y ríos de América del Norte. El mejillón es una fuente de alimento para muchos tipos de vida. Los mapaches, las nutrias y las garzas son solo algunos de los animales que se alimentan de ellos. Los mejillones también limpian el agua donde viven. Mejoran el ecosistema para otras especies de peces, insectos y gusanos que viven ahí.

La extinción puede tener un efecto dominó. Cuando un animal se extingue, otros pueden hacerlo al poco tiempo.

Pero el mejillón está en riesgo. La mayoría de las 300 especies de mejillones están en peligro. Los expertos creen que la contaminación los está matando. Las toxinas del agua de desecho de granjas y ciudades llegan al agua donde viven. Esto pone a todo el ecosistema en peligro.

Siempre se están descubriendo nuevas especies de plantas y animales, de modo que los expertos no saben a ciencia cierta exactamente cuántos hay. Sin embargo, estiman que entre 200 y 100,000 especies se vuelven **extintas** cada año.

Factores de riesgo

Es posible que cualquier planta o animal se extinga. Pero algunos seres vivos corren un mayor riesgo que otros. Las plantas y los animales luchan por sobrevivir en las siguientes circunstancias:

- Cuando viven en una área pequeña.
- Cuando no quedan muchos de ellos vivos.
- Cuando tardan mucho tiempo en crecer y reproducirse.

mejillones de agua dulce

Retorno a la vida silvestre

Algunos científicos consideran que podemos restaurar ecosistemas si encontramos un lugar para ellos. Buscan tierra que no esté en uso. Luego, incorporan especies claves. Intentan enmendar parte del daño que se hizo. Con el tiempo, estas áreas pueden volverse silvestres nuevamente. Esta práctica se conoce como *retorno a la vida silvestre*.

Estos científicos estudian los restos de un animal en los Países Bajos. Podría tratarse del primer lobo que se encuentra en el país en 150 años.

La pérdida de lobos en un ecosistema puede ser devastadora. Su reintroducción durante el retorno a la vida silvestre puede dar un giro al ecosistema. En 1995, se reintrodujeron 41 lobos en el Parque Nacional Yellowstone. Su presencia cambió el ecosistema. Al poco tiempo, había menos venados en el parque. Eso permitió que crecieran más plantas. Las aves y los castores comenzaron a retornar. Les siguieron patos, ranas y más peces. Los lobos se comieron a los coyotes. Esto dio lugar a que sobrevivieran más conejos y ratones. Y a su vez, significó más alimento para las águilas y los halcones. El parque se convirtió en un lugar más fértil y vivo.

Un nuevo enfoque

En el pasado, los científicos intentaron una y otra vez remover o agregar especies a un ecosistema. La práctica de retorno a la vida silvestre es diferente. Los científicos estudian un ecosistema. Introducen animales esenciales para el medio ambiente. Y luego, los seres humanos dan un paso atrás y dejan que la naturaleza tome el control.

¡En Yellowstone viven ahora más de 400 lobos!

Y tú, ¿dónde encajas?

Entonces, ¿dónde encajas en esta red alimentaria?

Algunas personas creen que los seres humanos están en la cima de la cadena alimentaria. Lo creen porque nada caza a los seres humanos. Pero eso solo es cierto en la actualidad. Hace mucho tiempo, los seres humanos eran cazados por depredadores enormes.

Los expertos dicen que estamos más cerca de la mitad de la cadena alimentaria. Esto se debe a que comemos una mezcla de plantas y animales. Se considera que únicamente los carnívoros están en la cima de la cadena alimentaria. Ellos no tienen depredadores. Las ballenas, los tigres y los osos polares están en la cima.

Una forma de vida

En vez de comer animales que se alimentan de plantas, algunas personas eligen comer solamente las plantas. Estas personas se llaman *vegetarianas*.

Pero los seres humanos pueden tener otra función también. Existen muchas cosas que los seres humanos hacen que pueden dañar el delicado equilibrio de las redes alimentarias. Por ejemplo, los agricultores matan a los insectos que se comen sus cultivos. Pero esos insectos podrían ser la fuente principal de alimento de algún tipo de ave. Si el ave no tiene ese insecto para comer, es posible que esa especie de ave comience a morir. Hasta puede extinguirse. Los animales que dependen de esa ave como alimento podrían a su vez verse en peligro. La pérdida de un tipo de insecto puede alterar el equilibrio de toda una red alimentaria. Lo mismo puede suceder cuando los seres humanos cazan o pescan demasiado un determinado tipo de animal.

¡Chitón!

Estudios demuestran que el sonido que los seres humanos producen con el tráfico y las máquinas puede dañar los ecosistemas. Las aves y otros animales con frecuencia cambian la forma en la que actúan cuando están cerca de sonidos muy fuertes. Incluso las plantas parecen verse afectadas por sonidos fuertes.

El cambio es natural. Muchas de estas amenazas a las redes alimentarias provienen de la naturaleza. Los desastres naturales, como las inundaciones o los incendios forestales pueden matar a muchos animales. Pero la mayoría de las amenazas a las redes alimentarias provienen de los seres humanos. Nuestras acciones afectan a todos los seres vivos a nuestro alrededor. Y los científicos están apenas comenzando a ver cómo estamos todos conectados. De muchas maneras, cada planta, animal, niño y niña hace la diferencia. Sin importar si se trata de un pegote de bacterias o un mono silvestre, todas las criaturas tienen una función.

Depende de nosotros proteger nuestro planeta. Es nuestro hogar. Y es el hogar de todas las demás criaturas que viven aquí. La red de la vida siempre continuará si mantenemos el equilibrio.

Una nota para los científicos

Ten en cuenta que lo que ves en el campo podría ser diferente de las redes alimentarias acerca de las que leíste aquí. Las redes alimentarias son una forma ordenada de organizar lo que observamos en el mundo. Pero en realidad, la naturaleza es desordenada. La relación entre las plantas y los animales es compleja. ¡Y eso es lo que la hace tan fascinante!

HAZ LA DIFERENCIA

No alimentes a los animales silvestres. Los hace dependientes de los seres humanos para encontrar alimento.

No liberes mascotas en la naturaleza. Podrían no sobrevivir o podrían alterar el ecosistema.

No arrojes basura. Los animales pueden enfermarse o morir al comer nuestra basura.

Sí debes plantar árboles y arbustos nativos de tu área. Los árboles limpian el aire y crean hogares para los animales.

Sí debes educar a otras personas. Escribe cartas a personas que toman decisiones para que sepan cuáles son las necesidades de la vida silvestre de tu área.

Sí debes trabajar como voluntario o visitar un parque nacional. Podrás comprender la importancia de cada ser vivo si lo ves con tus propios ojos.

Piensa como un científico

¿Cómo puede un cambio en una parte de la red alimentaria afectar a toda la red? ¡Experimenta y averígualo!

Qué conseguir

- caja de zapatos, bandeja u otra caja pequeña
- palitos de helado
- pegamento

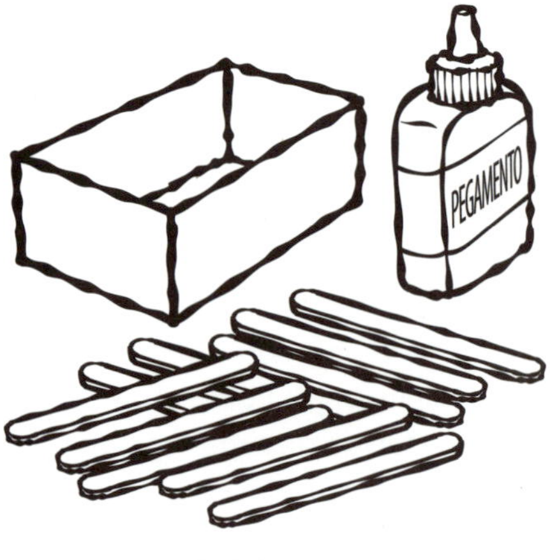

Qué hacer

1. Pega tres palitos de helado para formar un palo largo. Este palo largo representa a los productores. Haz seis palos largos.

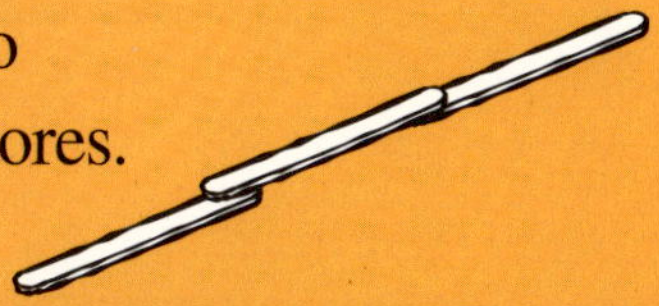

2. Pega dos palitos de helado para formar un palo mediano. Tu palo mediano representa a los consumidores primarios. Haz siete palos medianos.

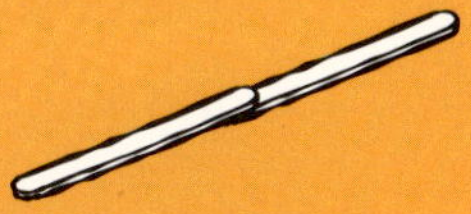

3. Coloca a los productores sobre la caja. Asegúrate de que se crucen entre sí y que ningún palo caiga dentro de la caja.

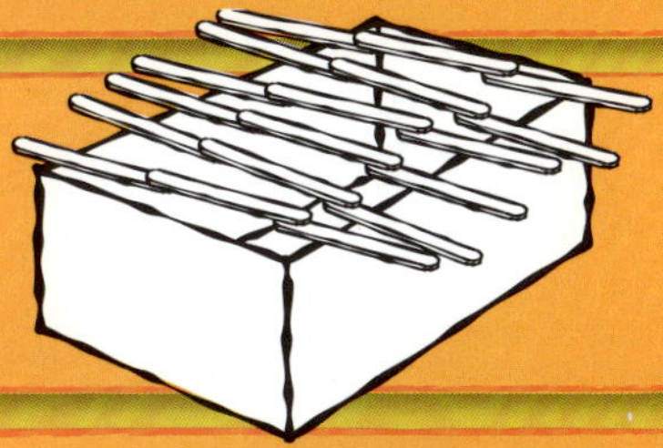

4. Coloca a los consumidores primarios encima de los productores. Asegúrate de que ninguno de los palos caiga dentro de la caja.

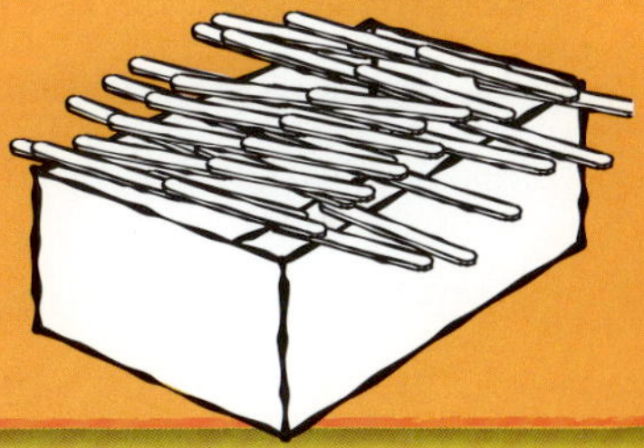

5. Usa palitos de helado individuales para representar a los consumidores secundarios. Coloca estos palitos encima de los consumidores primarios.

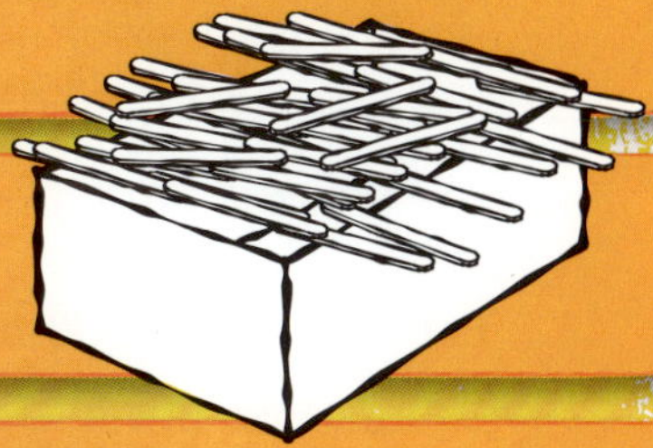

6. Retira un productor. ¿Qué sucede cuando retiras un productor?

7. Retira dos productores más. ¿Qué sucede ahora? ¿Qué nos muestra esto sobre las conexiones entre los animales de la red alimentaria?

Glosario

bacterias: pequeños organismos que descomponen plantas y animales muertos

carnívoro: un animal que come carne

carroñeros: animales que se alimentan de animales muertos o en descomposición

consumidor secundario: un animal que come consumidores primarios

consumidores primarios: seres vivos que solamente comen productores

descomponedores: seres vivos que se alimentan y descomponen plantas o animales muertos

ecosistemas: todo lo que existe en un determinado ambiente

en peligro de extinción: se usa para describir una planta o animal que se encuentra en riesgo de desaparecer totalmente

energía: potencia que puede usarse para hacer algo

especies: grupos de animales o plantas que son similares y que pueden producir animales o plantas jóvenes

extintas: que ya no existen

herbívoros: animales que comen solamente plantas

omnívoro: un animal que come plantas y animales

organismos: seres vivos

productoras: seres vivos que producen su propio alimento

Índice

¡Tu turno!

¿Cuál es tu red?

Haz una lista de los alimentos que consumes con más frecuencia. Después, desglosa esos alimentos en sus ingredientes. Dibuja flechas desde cada ingrediente para mostrar todos los demás animales y plantas que tienen una función para que ese ingrediente llegue a tu plato. ¿Puedes encontrar dónde va la energía del sol en cada cadena alimentaria?